Cacimbo

Images of Angola
Imagens de Angola

Photographs and text by Olivier Michaud
Fotografias e texto

Tradução em Portuguese, Maria Lourdes Vieira
English translation, Andy McDonald

Introduction
Introdução

Olivier Michaud

Numerous regions of the world offer a form of natural beauty that allows us to forget the sufferings of the people who live there.
Angola is one of those countries where the landscape, light and colors have maintained the fascinating beauty of Africa, despite traces of many years of war.
Spreading across the border between equatorial Africa, hot and humid, and the southern desert regions of Africa, Angola covers a wide range of climates and landscapes.
The 100 photographs in this book take us across Angola from the coast to the high plateaus of the Malanje province, through the Savannah and into the Namib desert.
The war made some regions totally inaccessible, which prevented me obtaining a more complete image of Angola.
I would like to dedicate this book to all those men and women who are striving for the return of peace so that the people of Angola may, once again, walk freely in their beautiful country.

Muitos são os lugares no mundo, onde a beleza da natureza pode fazer esquecer o sofrimento dos seus habitantes.
Angola faz parte dessas terras que, mesmo que martirizadas pelos largos anos de guerra, conservam através das suas paisagens, das suas culturas e das suas cores, a fascinante beleza do Continente Africano.
Situada na fronteira da África equatorial, quente e húmida, e da África Austral, desértica, este país oferece uma grande variedade de vegetação e de climas.
Este livro faz-nos viajar através das 100 fotografias, da Costa ao Planalto da Provincia de Malanje, à beira dos Rios, en direção ao Sul através da Savana até ao Deserto do Namib.
Infelizmente não me é possivel dar uma vista mais completa d'Angola, visto que uma grande parte do país, é de acesso impossível, consequência da guerra que todavia persiste.
Assim é meu desejo dedicar estas imagens a todos aqueles que se esforçam para que a paz se instale definitivamente em Angola, afim que um dia, os angolanos possam de novo percorrer, sem medos nem angustias, este lindo país, que é Angola.

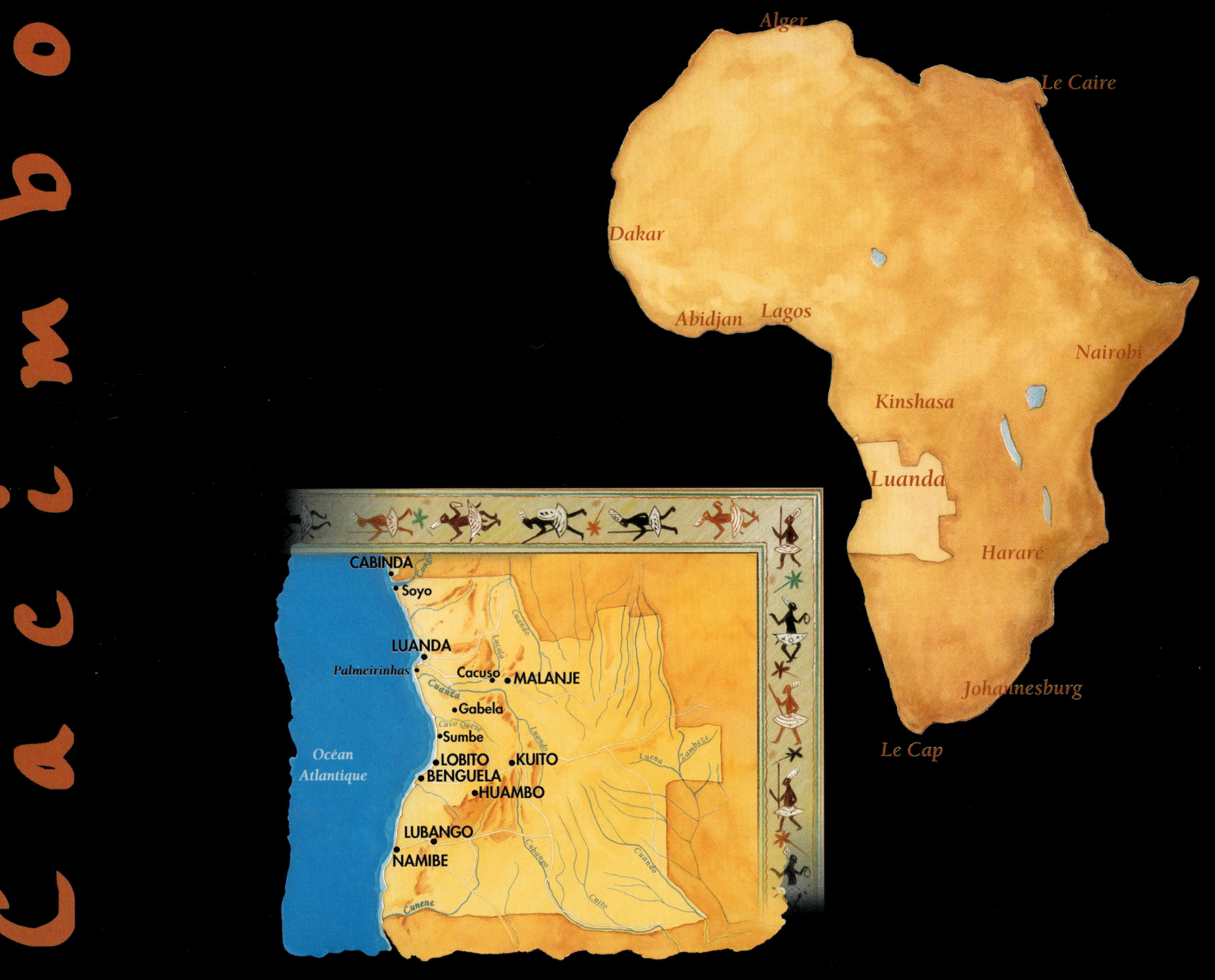

Cacimbo

Alger

Le Caire

Dakar

Abidjan Lagos

Nairobi

Kinshasa

Luanda

Hararé

Johannesburg

Le Cap

CABINDA

Soyo

LUANDA

Palmeirinhas

Cacuso MALANJE

Gabela

Sumbe

LOBITO KUITO

BENGUELA

HUAMBO

LUBANGO

NAMIBE

Océan
Atlantique

Cacimbo

CABINDA

Soyo

LUANDA

Palmeirinhas
Cacuso • MALANJE

• Gabela

Cavo Queve
• Sumbe

LOBITO • KUITO
BENGUELA
HUAMBO

Océan
Atlantique

LUBANGO

NAMIBE

Cunene

Alger

Le Caire

Dakar

Abidjan   Lagos

Naïro

Kinshasa

Luanda

Harar

Johannesburg

Le Cap

A cidade de Luanda

The City of Luanda

It was the season of Cacimbo. The plane finally left the clouds and was flying through the fog along the coast.

A couple of hundred meters above the ground, Mary saw Luanda for the first time. This was where she would be spending the next few years. She did not know much about Angola and its inhabitants.

She had heard of Africa, the open spaces and the sun, the music and the rejoicing, but she had also heard of the war that had been raging in this country for too long.

Foi no Cacimbo. O avião tinha finalmente saído das nuvens e atravessava o espesso nevoeiro que cobre a costa nessa época do ano.

A algumas centenas de metros do solo, Maria viu pela primeira vez a cidade de Luanda, para onde ela ia viver durante alguns anos.

De Angola e dos seus habitantes, ela conhecia pouca coisa. Certo que lhe tinham falado da África, dos seus grandes espaços, do sol, da música, das festas e também da guerra que se instalou em muitas regiões desse país.

9 Bay of Luanda, viewed from the Ilha
A Baía de Luanda, vista da Ilha

Bay of Luanda, viewed from São Miguel fortress **10**
A Baía de Luanda, vista da Fortaleza São Miguel

Mary is walking through the Old Luanda, also known as the Lower Town, which has maintained its architectural heritage.
Baroque churches like the Our Lady of Remédios Cathedral, and facades covered with azulejos are reminders of the colonial period and Portuguese culture.
Following the Avenida 4 de Fevereiro, she reaches the waterside near the imposing National Bank building. The avenue, also known as the Marginal, runs alongside the Bay of Luanda, stretching from the commercial port to the São Miguel fortress.
Further on, it gives way to the Ilha and the beaches where women along the roadside sell fish and lobsters caught that same morning.
As lunchtime approaches, Mary enters one of those small restaurants serving grilled fish and playing Kizomba music…

Maria passeia na cidade antiga, a que também chamam cidade baixa. Esta parte da cidade conserva a sua arquitetura do passado. Algumas fachadas decoradas com azulejos e a Catedral N.S. dos Remédios, recordam a época colonial e a presença dos portugueses.
Depois ela chega ao mar e à Avenida 4 de Fevereiro, na altura do impressionante edifício do Banco Nacional. Esta avenida chamada igualmente "Marginal" percorre sobre vários kilómetros a Baía de Luanda, do Porto Comercial até a Fortaleza São Miguel.
Mais longe se encontram a Ilha e as praias, onde os pescadores estendem as redes e as peixeiras vendem a pesca dessa mesma manhã. Á hora do almoço, Maria entra num daqueles pequenos restaurantes em que se serve peixe grelhado, ao som da música kizomba…

The Lower Town and the Kinaxixe quarter
A Cidade Baixa e o Bairro do Kinaxixe

In the late afternoon,
Mary goes walking, taking
the narrow stairs that lead up
to the São Miguel fortress,
which looks out over the bay.
The greater part of the town is visible
from this vantage point.
A slight sea breeze makes the air feel
cool. It feels good. It's July, winter,
the dry season called Cacimbo.
She is walking along
the guard trail just below
the ramparts waiting for the sunset
in the direction of the Ilha.
On the other side, the lights of Luanda
are already beginning to glow.
Some people are going home from work,
others are getting ready
for the evening's festivities…

No fim da tarde, Maria sai a passear, sobe por umas pequenas escadas - caminho que conduz à fortaleza São Miguel, que domina a Baia e de onde se pode observar uma grande parte da cidade.
Uma brisa ligeira vinda do mar, dá uma impressão de frescura. Que agradável está esta tarde… É Julho, estação seca e fria, a qual chamam "Cacimbo".
Ela passeia pelo caminho da ronda à volta dos muros da fortaleza, enquanto espera pelo Pôr do Sol, que se esconde ao longe, na direção da Ilha. À sua frente, as luzes de Luanda começam a acender. Há gente que regressa do trabalho e outra que se prepara para a festa dessa mesma noite…

Cacimbo

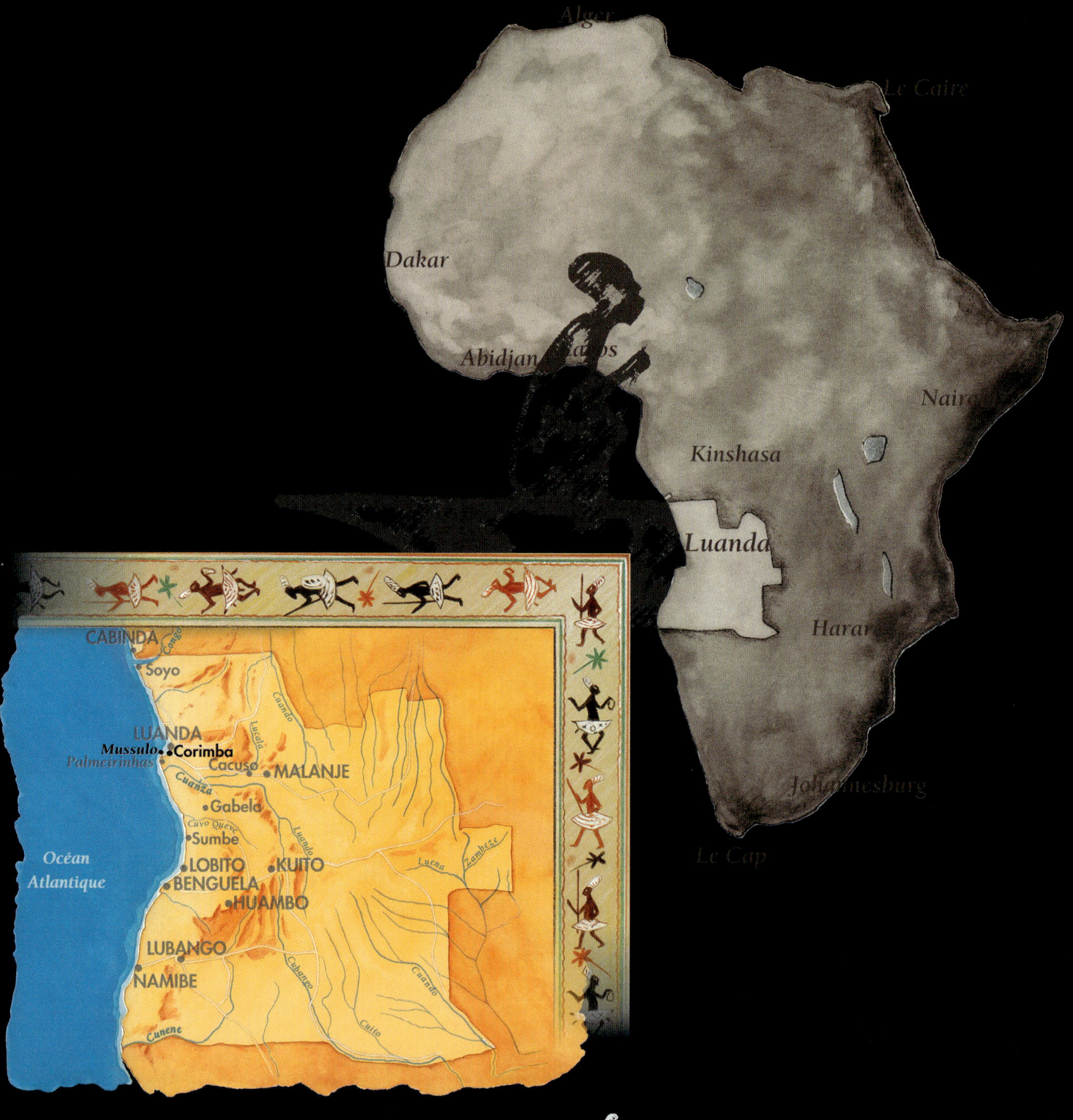

CABINDA
Soyo
LUANDA
Mussulo Corimba
Palmeirinhas Cacuso
MALANJE
Gabela
Cuvo Queve
Sumbe
Océan
Atlantique
LOBITO KUITO
BENGUELA
HUAMBO
LUBANGO
NAMIBE

Alger
Le Caire
Dakar
Abidjan Lagos
Nairobi
Kinshasa
Luanda
Harare
Johannesburg
Le Cap

Margens da Corimba e do Mussulo

Shorelines of Corimba and Mussulo

26

27 Fishing barges in Corimba
Barcas dos pescadores na Corimba

One November morning,
Mary plans to spend the day
on the Mussulo Peninsula.
She leaves Luanda in time to see
the Corimba fishermen return.
It is still early and the beach is quiet.
Neither wind nor waves disturb
the fishing boats that have already
returned during the night,
nor the calm of the egrets,
motionless on the colorful barges.
An old fisherman is repairing
his nets while further on,
others are lifting theirs…

Uma manhã de Novembro, Maria decide ir passar o dia na Ilha do Mussulo e sai ao amanhecer afim de assistir ao regresso dos pescadores da Corimba.
Ainda é cedo e a praia está calma ; nem vento, nem ondas vêm perturbar o repouso das traineiras chegadas durante a noite, nem a calma das igretes que ficam imoveis sobre as barcas coloridas. Aqui, um velho pescador repara as suas redes, enquanto que outros mais longe, se preparam para uma outra saída...

36 Fisherman of Corimba
Pescador da Corimba

Children of Corimba
Crianças da Corimba

Suddenly the beach comes alive. A small trawler has just come in and a crowd gathers at the water's edge. All is well organized and rehearsed. A group of small barges surrounds the trawler to unload the catch while women wait on the beach, ready to negotiate the price of the fish that they will sell in the town's markets later that morning.

De repente a praia se agita... uma traineira acaba de chegar e a multidão apressa-se para chegar o mais perto possível da água.
Tudo parece perfeitamente organizado. Pequenas barcas dirigem-se para a traineira afim de recuperar a pesca, enquanto as quitandeiras esperam na praia prontas a negociar o preço do peixe, que em seguida irão vender nos mercados da cidade.

Returning from fishing at Corimba
Regresso da pesca na Corimba

Waiting for the return of the fishermen… **44**
Esperando o regresso dos pescadores…

It takes less than an hour by boat from Corimba to the Mussulo Peninsula.
Made up of a strip of sand, sometimes very narrow, separating the bay from the ocean, the peninsula has become a leisure area for the inhabitants of Luanda.
Mary likes walking along the beaches of Mussulo. They are so beautiful, so calm and covered with coconut palms that offer protection from the heat.
She gathers seashells and spends long hours observing the flamingos and the other birds that live in the bay.

Constituída por uma banda de areia que separa a baía do oceano e acessível a menos de uma hora de travessia, Mussulo é o lugar de repouso e relaxação dos habitantes da capital.
Naquelas praias lindas e calmas, protegidas pela sombra dos coqueiros, Maria apanha conchas e observa os flamingos cor de rosa assim como outras aves que vivem na baía, caminhando longamente na ourela do mar.

61   The little church in Mussulo
A pequena Igreja do Mussulo

53 The palmgrove in Mussulo
O palmeiral do Mussulo

Le Caire

Dakar

Abidjan

Nair

Kinshasa

Luanda

Harar

Johannesburg

Le Cap

CABINDA

Soyo

LUANDA

Palmeirinhas
Quissama
Cabo Ledo

Cacuso

MALANJE

Gabela

Sumbe

LOBITO

KUITO

BENGUELA

HUAMBO

Océan
Atlantique

LUBANGO

NAMIBE

Cuanza

Cunene

Pela estrada do sul, das Palmeirinhas a Gabela

Traveling the southern route from Palmeirinhas to Gabela

Towards the end of the morning, Mary leaves Luanda with some friends going South. Leaving town, the Slavery Museum is a bright white little house atop a rocky promontory, set against the blue backdrop of the waters of the Mussulo Bay. Beyond Palmeirinhas, the road runs along the coast between the ocean and the Savannah. The beaches continue over the horizon, swept by high winds and beaten by strong waves. At the 50-kilometer marker, the Vista of the Moon offers a superb view over cliffs shaped by erosion, where Mary can see the yellow ochre of the laterite blending with the brighter colors of sand and clay. Further on, after the checkpoint on the bridge crossing the Cuanza River, the cars leave the road for the track leading to the Barra do Cuanza, where the river meets the ocean. The beach is almost empty except for a few corbina fishermen whose lines are set for the night.

No fim da manhã, Maria deixa Luanda com alguns amigos, em direção do sul.
Na saída da cidade, ela vislumbra do lado direito o Museu da Escravatura, casita pousada num cabo rochoso, da qual a cor branca se destaca do fundo azul das águas da baía.
A estrada do sul segue a costa entre oceano e savana. As praias estendem-se a perda de vista, varridas pelos ventos e batidas pelas fortes ondas.
No kilómetro 50, o Miradouro da Lua oferece um espetacular ponto de vista sobre um penhasco talhado pela erosão, onde se confundem as cores ocre do laterito e outras mais claras de areias e argilas.
Mais longe, pouco depois do control da ponte que atravessa o Rio Cuanza, os carros deixam e estrada principal e continuam por uma picada que leva à Barra do Cuanza, onde o rio se junta ao oceano.
A praia está quase deserta e só alguns pescadores de corvina vêm instalar as redes que ficam durante a noite.

The Slavery Museum in Mussulo Bay
O Museu da Escravatura na Baía do Mussulo

The 50-kilometer marker beach
Praia do kilómetro 50

The Cuanza River Mouth
Foz do Rio Cuanza

Along sandy track crosses the savannah through a forest of baobab trees, following the Cuanza River up to the Quissama Park.
Mary and her friends get there late in the afternoon. Only two hours of daylight are left to go down to the river and try to spot some animals. She has heard of the numerous species of wildlife living in the park, especially elephants.
But that evening only a small herd of pacassas is visible. Back in the camp, Mary stays a long time on the terrace, contemplating the meandering Cuanza River and its banks covered in papyrus. Night is falling, and not a sound troubles the silence of the savannah…

Depois de uma longa pista de areia que atravessa a savana no meio de imbondeiros, Maria e os seus amigos chegam ao parque da Quissama no fim da tarde ; têm então duas horas de dia para descerem à beira do rio e tentar observar alguns animais. Sabe-se que ainda muitas espécies vivem nesse parque, em particular elefantes. Mas essa tarde, tudo o que eles puderam ver foi uma manada de pacassas.
De regresso ao acampamento, Maria fica muito tempo a contemplar o serpenteado do rio e as suas margens ornamentadas de papiros. A noite caía e nenhum ruído vinha perturbar o silêncio da savana...

76

The next morning, they have
to head back to the road
and continue South.
Once beyond the Cabo Ledo beach
and the city of Porto Amboin,
they leave the coastline a few kilometers
before reaching Sumbe, to follow
the Cuvo Queve River.
A makeshift wooden bridge spans
the torrent above a waterfall and
provides access to a vast plateau.
The road then starts to climb
into a dense forest that this day
is covered by a thick fog.
Just after a turn in the road, the small
red clay houses of Gabela appear…

No dia seguinte é necessário continuar caminho rumo ao sul. Depois de terem passado a praia de Cabo Ledo e a cidade de Porto Amboim, deixam a costa a alguns kilometros antes de Sumbe e continuam subindo ao longo do rio Cuvo Queve.
Uma ponte rudimentar de madeira atravessa uma forte cascada, permitindo continuar no grande planalto.
Em seguida a estrada sobe através d'uma densa floresta envolvida num espesso nevoeiro.
Gabela e as suas pequenas casas em terra vermelha, aparecem na saida d'uma curva...

85   The village of Gabela
A Aldeia da Gabela

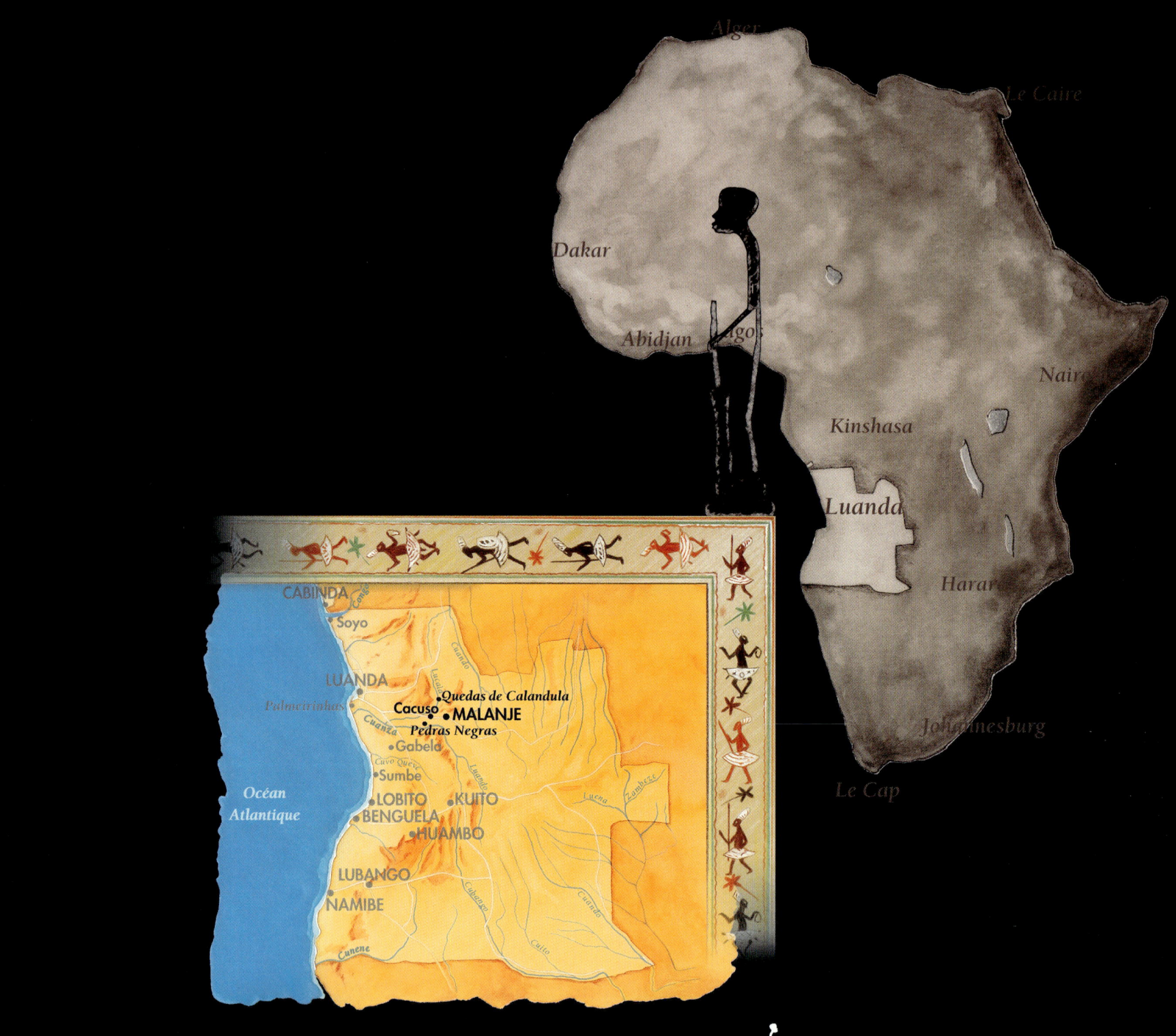

Alger

Le Caire

Dakar

Abidjan · Lagos

Nairobi

Kinshasa

Luanda

Harare

Johannesburg

Le Cap

CABINDA

Soyo

Congo

LUANDA

Palmeirinhas

Cuanza

Cacuso · Quedas de Calandula
· MALANJE
Pedras Negras

Gabela

Cuvo Queve

Sumbe

Océan
Atlantique

LOBITO · KUITO
BENGUELA

HUAMBO

LUBANGO

NAMIBE

Cunene

Cuito

Cuando

Cubango

Arredores de Cacuso,

o maciço das Pedras Negras e as Quedas de Calandula

Around Cacuso,

the Black Stones range and the Calandula Falls

The weapons have been silent
for three months now, and travel
to the interior is becoming safer.
However, the east road to Malanje
is still in poor condition,
and it takes more than seven hours
to cover the four hundred kilometers
separating Luanda from Cacuso.
Shortly before arriving in Cacuso,
the cars are on a track leading
to Pungo Andongo, a small village
in the heart of the Black Stones range.
These stones are supposedly inhabited
by the legendary queen Rainha Ginga,
whose footprints are said to be visible
in the rock.
The enormous rounded blocks of this
range have resisted erosion for several
million years, and are, at times, covered
with striking colored moss and lichens...

Uma trégua que dura, desde pouco mais de três meses, permite viajar com mais segurança. Mas pelo mau estado da estrada na direção de Malanje, são necessárias mais de sete horas para percorrer os quatrocentos kilómetros que separam Luanda de Cacuso. Pouco antes da chegada, os carros empreendem pista que leva a Pungo Andongo, pequena aldeia situada no meio do maciço das Pedras Negras e que se diz habitada pela legenda da Rainha Ginga, da qual, as marcas dos pés ficaram gravadas nas pedras para sempre. Este maciço constituido por um grupo de blocos de rochas negras e arredondadas, vem resistindo à erosão através do tempo. O musgo que as recobre, assim como toda uma outra variedade de plantas parasitas que se agarram a elas, dão-lhe algumas vezes cores surpreendentes…

The Black Stones range
O maciço das Pedras Negras

The Black Stones range, near Pungo Andongo
As Pedras Negras perto de Pungo Andongo

That evening, Mary stays at the Catholic Mission of Cacuso. Built over fifty years ago, the Mission is held today by two European priests and provides vital assistance to local inhabitants with education, medicine and agriculture. The Mission is also a haven of peace in a province torn apart by war, and each Sunday morning, a large gathering of women, children and old people congregates in the small church to celebrate Mass.

Maria é acolhida na missão católica de Cacuso. A missão fundada há pouco mais de meio século, é mantida hoje por dois padres europeus.
Ela representa uma fonte de paz, um refúgio e joga igualmente um papel importante nos domínios médico, escolar e agrícola, para os habitantes dessa região, destroçada pela guerra.
No Domingo de manhã, a missa dada na pequena igreja é o momento de grandes encontros, onde se confundem mulheres, crianças e velhos...

IOI The Church at Cacuso
Igreja de Cacuso

The school at Cacuso
Escola de Cacuso

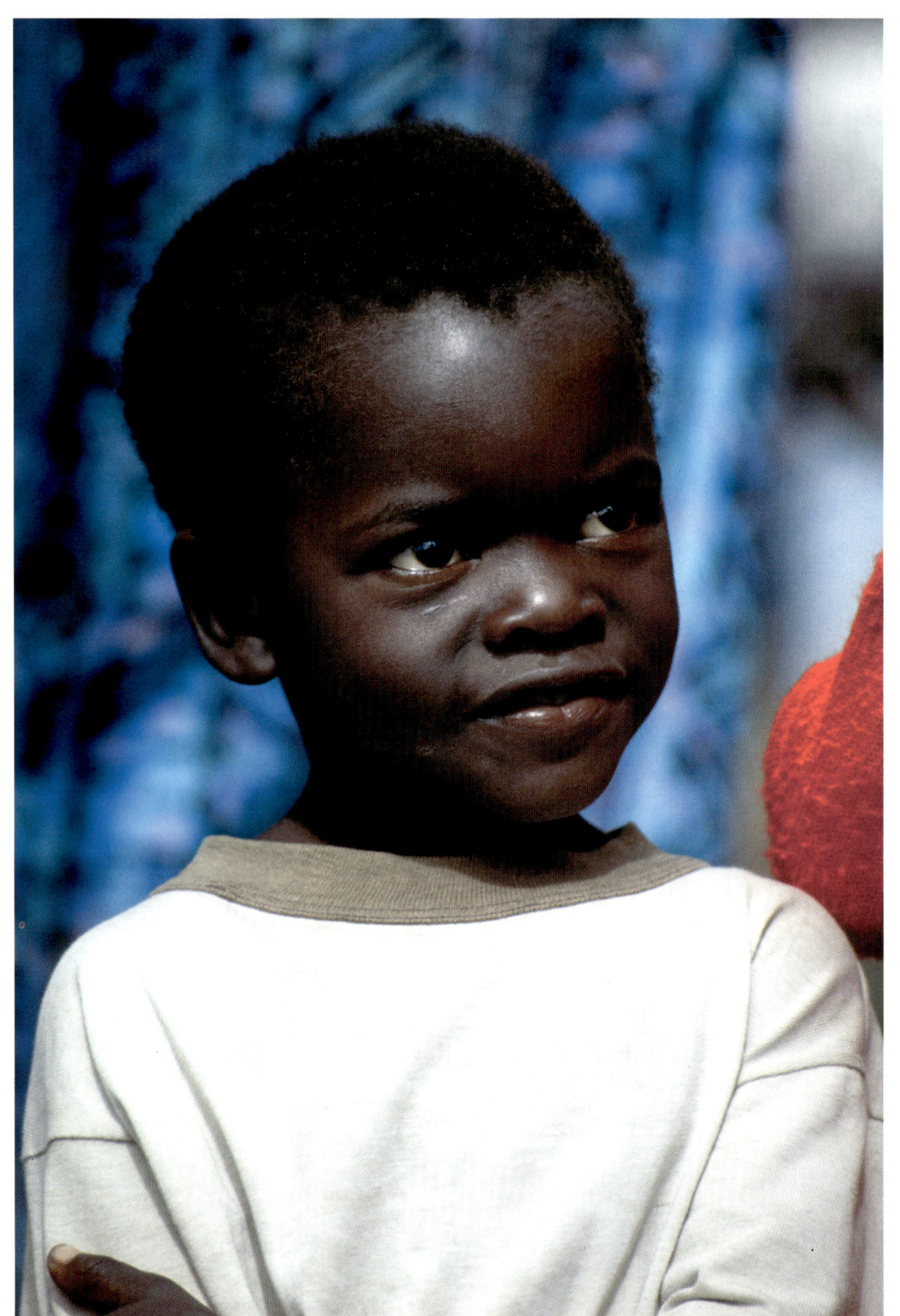

The road that leads from Cacuso to the Calandula Falls crosses the Angolan countryside. The Malanje region was formerly known as the Granary of Luanda because of its rich and varied agriculture that abundantly supplied the capital. That time is long gone; nowadays, the cotton and tobacco factories run at a slow rate. The country people, who live off their small land holdings, sometimes have to dry the manioc flour along the roadside. After crossing the Lucala River, the car pulls up at the head of a small trail. Mary walks a couple of hundred meters into the middle of the luxurious vegetation at which point she starts hearing the thundering sound of water. At the end of the trail the waterfalls appear…

A estrada que vai de Cacuso às Quedas de Calandula, atravessa a planície angolana. A região de Malanje, chamada no passado o "Celeiro de Luanda", em razão da sua rica e variada agricultura, aprovisionava a Capital. Dessa época de abundância, hoje só existem recordações, pois as fabricas de algodão e tabaco só trabalham raramente. Os camponeses vivem da recolha dos seus pequenos pedaços de terra, e na estrada mesmo, fazem secar a farinha de mandioca. Uma vez atravessado o Rio Lucala, o carro pára na entrada d'uma pequena clareira. Depois d'algumas centenas de metros de caminho, no meio d'uma vegetação luxuriante, Maria começa a ouvir o ruído da queda das águas e descobre enfim as cataratas…

The countryside in the Malanje region
Região campestre em Malanje

The Lucala river **110**
O rio Lucala

The Calandula Falls
As Quedas de Calandula

Cacimbo

Alger

Le Caire

Dakar

Abidjan Lagos

Nairobi

Kinshasa

Luanda

Harar

Johannesburg

Le Cap

CABINDA

Soyo

LUANDA

Palmeirinhas

Cacuso MALANJE

Gabela

Sumbe

Océan
Atlantique

LOBITO KUITO

BENGUELA

HUAMBO

LUBANGO

NAMIBE

Rio Cunene

Chitado

Namibie

Ao longo do Rio Cunene

Along the Cunene River

The valley of the Cunene River
is reached via Namibia.
On the other side, Angola…
This powerful river is a natural border
that seems to stop the orange colored
sand dunes blown in by the South winds
from the Namibian Desert.
Mary travels downstream along
the peaceful river, towards a waterfall.
From there, the Cunene becomes
suddenly narrow, tumultuous
and surges into deep canyons.

Chegaram ao Vale do Rio Cunene através da Namibia. À frente se estendia Angola…
Este rio poderoso constitui fronteira natural e parece parar a progressão das areias
de cor alaranjada, trazidas pelos ventos do sul, desde o Deserto do Namibe.
Maria desce o rio até uma cascada. Ali, o Cunene de antes, largo e calmo, torna-se de repente
agitado, traçando passagem através de gargantas estreitas.

119 Sand dunes over the Cunene River
Dunas dominando o Rio Cunene

The Cunene River
O Rio Cunene

123 Waterfalls nearby Chitado
Cataratas na região de Chitado

It was the season of Cacimbo…
Mary knew she had to leave
Angola a few days later for Europe,
and this outing along the banks
of the Cunene River was the last leg
of her trip.
She was not able to see as much
of Angola as she would have liked.
On the plane back to Luanda,
she was daydreaming, thinking
she would return here one day.
It would be that long-awaited day
when all war had ceased,
and all Angolans could travel
in their own country in peace
and admire its beautiful landscapes…

Todo um ano se tinha passado e de novo o Cacimbo se anunciava…
Maria sabia que dentro de alguns dias deixaria Angola de regresso a Europa
e que este passeio constituia a última etapa da sua viagem.
Desse vasto país, infelizmente ela não tinha podido ver tudo o que tinha desejado.
No avião que a levava para Luanda, ela pensava poder regressar um dia…
Esse dia tão esperado, em que a guerra deixará de existir e em que a paz se tenha de novo
instalado no coração de todos os angolanos.

127 Leaving the Cunene River......
Deixando o Rio Cunene...

First of all, I would like to thank **Christine Pichery** whose talents as a graphic artist and smiling personality produced this entire book.

A great thank you to **Maria Lourdes Vieira** for the Portuguese translation of the original French text.

I would also like to thank **Andy McDonald**, for the English translation, and overall for his valued advice, and without who, this project would not have been a completed.

Thanks to all of those who helped me with the text rereading, especially Sandrine Gard-Alemandou, Sabine de Molliens, and Manuel Poupon.

Thanks also, on this side of the ocean to Madeleine, Kent, Michelle, Paul and Jorge.

Congratulations to **Jean-Paul Lacourt** for the drafting of Africa and Angola's maps.

A friendly wave to all that have been my traveling companions during these trips across Angola. Mentioning a few would be forgetting others…

Thanks to Didier Deregnaucourt and Pierre Esquier, for their constructive advice and who have enabled the relay between Luanda, Pau and Houston.

Thanks also to Martine Olivares and Fabienne Feriol.

At last, I would like to thank **Elf Exploration Angola**, who gave me the opportunity to discover this country and its inhabitants.

*Desejo fortemente agradecer antes de tudo, **Christine Pichery** pelo seu talento de grafista e que, sempre com um sorriso, realizou o conjunto deste livro.*

*Um grande obrigado à **Maria Lourdes Vieira** pela tradução em português.*

*Desejo tambem agradacer à **Andy McDonald** pela tradução em inglês, pelos seus preciosos conselhos, e sem qual não me teria sido possível levar a cabo este projeto.*

Um grande obrigado igualmente a todos aqueles que me ajudaram na correção e leitura do texto, principalmente à Sandrine Gard-Alemandou, Sabine De Molliens e Manuel Poupon.

*Felicitações, **Jean-Paul Lacourt** pelo desenho dos magníficos mapas da África e de Angola.*

Obrigado à Didier Deregnaucourt e à Pierre Esquier, pelas críticas construtivas, e que de Luanda, seguraram a comunicação com Pau e Houston…

Obrigado ainda à Fabienne Fériol e à Martine Olivares.

Um cumprimento amigo a todos aqueles que foram meus companheiros de viagem durante estes passeios em Angola... citar alguns ...seria esquecer os demais...

*Obrigado finalmente à **Elf Exploration Angola**, graças a qual pude descobrir esse país e seus habitantes.*

ISBN : 2-9513567-1-4
All rights reserved, for all countries - Photographs, text and illustrations © Olivier Michaud
Graphism and design : Christine Pichery
Printed in Graulhet (France) - Imprimerie Escourbiac - Avril 1999